Claudia Piccinno wurde 1970 in Lecce geboren, zog aber schon in jungen Jahren in die Lombardei und dann in die Emilia Romagna, wo sie heute lebt. Sie ist in mehr als sechzig Anthologie-Sammlungen vertreten und war Jurymitglied bei verschiedenen nationalen und internationalen Literaturpreisen.

Gino Leineweber, geboren 1944, ist seit 1998 als Dichter, Schriftsteller und Übersetzer tätig.
Nachdem er zunächst Romane und Kurzgeschichten geschrieben und veröffentlicht hat, publiziert er heute Sachbücher und Lyrik. Seit 2016 übersetzt er auch aus dem Englischen.

Claudia Piccinno

Sphinx

Poesie

Übersetzt von

Gino Leineweber

Verlag Expeditionen

Bibliografische Information der Deutschen Nationalbibliothek:
Die Deutsche Nationalbibliothek verzeichnet diese Publikation
in der Deutschen Nationalbibliografie; detaillierte bibliografische Daten
sind im Internet über http://dnb.dnb.de abrufbar.

Claudia Piccinno
Sphinx
Poesie
Übersetzt von
Gino Leineweber

Umschlagfoto Pawel Czerwinski, Polen
Umschlagdesign Marco Cattarulla, Italien

Printed in Germany
ISBN 978-3-947911-94-3

Claudia Piccinno

Sphinx

Poesie

Übersetzt von

Gino Leineweber

Von Claudia Piccinno außerdem im Verlag Expeditionen

1. Gedichtbände in deutscher Sprache
   In der Übersetzung von Gino Leineweber

MAGIE IM STAUNEN
Taschenbuch, 6. Dezember 2018, 68 S.,
Preis 9,90 Euro ISBN 9783947911134

TINTENFLÜGEL
Taschenbuch, 15. März 2020, 104 S.,
Preis 6,90 Euro ISBN 9783947911301

2. Gedichtband als italienische Übersetzerin
   in italienischer und englischer Sprache

È TUTTO VERO
Softcover, 4. September 2023, 136 S.,
Preis 10 Euro ISBN 9783947911851

VORWORT

Mir ist aufgefallen, dass es in letzter Zeit mehr Gedichte von Frauen als von Männern gibt. Und auch die schönsten, wesentlichsten und erfolgreichsten Stimmen in den letzten Jahrzehnten sind weiblich.
Eine Bestätigung dieser Auffassung ist die bekannte und geschätzte Claudia Piccinno. Poetin und Übersetzerin vieler italienischer Autoren ins Englische und in andere Sprachen und daher Expertin für ausländische Literatur.
Poesie ist definitiv eine Gabe, aber sie muss kultiviert und auch durch andere Erfahrungen gelebt werden. Wie durch Stimmen der Vergangenheit, die das Ferment einer unvergänglichen Zeit einfangen, in die sie ihre Sensibilität legten und in Worte der Poesie verwandelten.
Claudia scheut sich nicht, ihr Buch *Sphinx* zu nennen, denn sie will eine feste Beziehung zunächst zu den Archetypen und dann zu ihrer Persönlichkeit herstellen.
In der Tat stellt sie sich als stille Sphinx dar, die das Leben der anderen beobachtet und es mit ihrem eigenen in Beziehung setzt. Daraus ergibt sich die Möglichkeit, die Abläufe der Welt zu erfassen, die menschlichen Ereignisse, die sich vor uns entfalten und uns in unsere eigene Dimension zurückbringen.
Es ist ein Wirbelsturm von Ereignissen, Erinnerungen und Affären, die sich in der Seele der Dichterin bewegen und ihre Interessen, Leidenschaften, Enttäuschungen, Lieben und Niederlagen beleuchten.

Claudia ist sich bewusst, dass das Leben einer Dichterin in diesem Fall ihr eigenes „in den Büchern“ liegt, die sie liest, „und in den Versen“, die sie schreibt. Deshalb ist sie frei und kann mit voller Stimme sprechen, ohne Emotionen und Gefühle verstecken zu müssen.
Das Buch bewegt sich somit in einer Aura der Wahrheit, die mitreißt und spüren lässt, dass im Leben nichts verloren geht, dass sich im Gegenteil alles akkumuliert und dann Handlungen und Gedanken hervorbringt.
Die Sphinx ist immer da, um zu beobachten, wie sich die Ereignisse und Situationen entfalten, und sie scheint mit ihrem rätselhaften Lächeln zu sagen, dass Schmerz und Freude unabdingbar sind, um das Leben in seiner Verflechtung mit dem Himmel und dem Geheimnis zu verstehen.
Claudia Piccinno bietet uns eine vollmundige und herzliche Poesie, ein Angebot eines antiken Sinns, der einige Zipfel der Zukunft enthüllt und uns deren erste Früchte anbietet.

Dante Maffia

SPHINX

Wenn du gehen willst
Obwohl wir
Miteinander verbunden sind
Würde ich es verstehen

Wenn ich dir schade
Falls ich mit bemühter Feder
Noch schreibe
Würde ich aufhören

Wenn du von einer Mikrobe
Verschleppt wirst
Wo zu sprechen verboten ist
Würde ich zur steinernen Sphinx werden

Wenn Worte
In eine Leere rieseln
Die auf Verse wartet
Würde ich sie aussprechen

NACHRUF

Dazu muss ich nicht sagen
Was ich darüber denke
Besser äußerte sich ein Stein
Der in eine Grube rollt
Jeder Stein ein Gedanke
Jeder Gedanke ein Name
Jeder Name ein Kreuz
Blatt Stein Schere
Erzählen Handeln Küssen

Sieh mich Vater – sieh mich an

Doch rufe mich nicht
Lass mich in Freuden leben
Lass mich im blauen Morgen
Dir Blumen zu Füßen legen
Lass mich nur Glocken zur Feier läuten
Wenn ich dann wiederkehre
Könnte ich wie eine Zikade zirpen
Wie eine Schwalbe über den Bosporus jagen
Wie eine Möwe über den Himmel schweben

Sieh mich Vater – Sieh mich an

Aber spreche bitte – erst einmal –
Meinen Namen noch nicht aus

FREUND

Was – wenn es Angst war?

Wenn es dieser abstruse Anspruch war
Dingen einen Namen zu geben?

Sag mir nicht welche Farbe
das Kleid haben muss
Das ich tragen soll

Mich in einen Faltenrock werfen?
Herzlichen Dank – Das ist nichts für mich

Ich werde es dabei belassen
Mit furchtlosem Wahnsinn zu glänzen

Du kannst mich dann
Weiterhin Freund nennen

Ich kann einen Kimono wählen
Einen Sari einen Kilt
Das sind traditionelle Kleider

Ich kann barfuß gehen – schleierlos
Ohne Bänder ohne Fesseln

Ich könnte … so gehen

SCHMEICHELEIEN

Ich verdächtigte dich meinen Intellekt kränken
zu wollen
bin geübt und geschult ähnliche Reimpaare zu
erkennen.
Es ist nicht bedeutend wenn der Mond mit der
Sonne wetteifert
Kein Grund mit dem Widerwillen der Veilchen
zu spielen.

Ich wusste es immer
habe nur so getan mein Sohn
Als hätte ich es geglaubt
Ich bin bereit dich an die Hand zu nehmen

Diejenigen die mir gefolgt sind haben ein Ziel
erreicht
Doch täusche mich nicht mit schmeichelnder
Feder
Nimm bitte nur unbehandelte Tinte
Denn Wertschätzung hat keinen Preis

DANTE ALIGHIERI

Du –
Der du in einer Woche
Die Welt betrachtet hast
Überirdisch …

Du –
Für den
Die menschliche Seele
Kein Geheimnis hatte

Du –
Der ohne viele Qualen
In reißende Flüsse eindrang
In Berge und Täler

Du –
Freiwillig ausgestoßener
Dich deines Exils rühmend
Fandest im Wissen deinen Verbündeten

Du –
Hast nicht geahnt
Ein Vater zu werden
– Der Vater italienischer Poesie

GERANIEN AN DEN FENSTERN

Obligatorisch flackerte der Tod
Als ein Leben
Durchs Fenster davonflog …
Auf der Fensterbank
Trotzen Geranien
Dem schlechten Wetter

Schneeglöckchen in den Bergen
Und Adler hoch in der Luft fragen sich
Wieso ein Himmel
So blau sein kann
Der tagelang aus dunklen Wolken
Tränen vergossen hat

Wir rümpften die Nase
Musterten die Wolken
Geschöpfe des Glaubens
Aber kollektiv verblendet
Schauten um sicher zu sein
Wie Mütter nach ihren Kindern

Sei es Wissenschaft,
Sei es Menschlichkeit
Wer weiß das schon
Die Geranien versuchten Lebenskraft
Aus dem langen Winter zu ziehen
Jetzt verliert der Frühling seine Farben

VOM LADEN ZUR TÜR

Das Horn blies das du mir gegeben hast
Ich fand es im Boden der Tasche

Bringt es mir Glück
Sag mir …

Kommst du zurück
Sag mir …

Vom Laden zur Tür
Streitereien zwischen Herz und Verstand

Die Zeit verstrich vergeblich
Nichts hat sich geändert

Nicht einmal der Schmerz
Erinnerte dich an meinen Namen

Oder hast du ihn durchgestrichen
Ihn ersetzt – ihn entweiht?

Wenn der Tag der Erinnerung kommt
Wirst du das Zwillingshorn finden

Doch deine Hände die einst meine hielten
Werden leer sein

BLEIBEN

Ich bleibe bei der Tastatur

Ein Geheimnis zählt mehr
Als eine Geschichte

Wir verlieren immer etwas
Um uns zu offenbaren

Ich warte auf ein Nicken ein Lächeln
Auf flüssige Tinte die uns ein Morgen
verspricht

Wir sind hinter den Kulissen eines Platzes
versammelt
Der bevölkert ist von Gespenstern die uns
ohne Erstaunen beobachten

Sieh mich an
Schiebe – die Vorhänge beiseite

WEISSE FAHNE

Steig zum Himmel empor
Ich schwenke eine weiße Fahne

Grüße diejenigen
Die eine einzige Reise unternommen haben

Geranien haben geblüht und sagten mir
Das Leben gehe weiter

Ich solle die Angst ignorieren
Wenn ich bleiben will

Um ein neues Leben zu beginnen
suche ich das Blau des Tages

WISSEN WAS EXISTIERT

Warum jede Sitzung ihren Grund hatte wird uns nicht gesagt
Warum ein Sturm uns in denselben Unterschlupf trieb wird uns nicht gesagt

Ich stellte mich selbst in Frage und wies das ungewöhnliche Gefühl zurück
Doch dachte immer wieder an dich zurück

Ich weiß eine ethische Membran isoliert uns in der Bewegung eines leuchtenden Geistes
Und ich weiß eine Seele leidet an alten Enttäuschungen

Für dieses dünne Häutchen brachte ich die Tinte zum Schweigen
Aber sie kehrt übermächtig zurück um Hoffnung zu säen bevor die zerstörende Kraft uns in die Dunkelheit schleppt

IN DER ANGST VERIRRT

Ich verirrte mich in der Angst
Ohne Wegweiser
Die mir die Richtung anzeigten

Hatte gehofft
Zurückkehren zu können
Von Zweifeln und Eindrücken

Ich suchte am Fahrbahnrand
Nach Wegen – Abkürzungen
Doch die Schritte folgten dem Weg

Fand niemanden
Der mich an die Hand nahm
Der mich auf andre Wege führte

Ich treffe Vorkehrungen
Meine Schritte den anderen anzupassen
Wie das Rosshaar einer Geige

Warte auf richtige Schwingungen
Auf das Klingen einer Glocke
Das mich nach Hause bringt

PFERD OHNE ZAUM

Mein Herz gab auf

Wie ein Pferd ohne Zaum
Beim Hindernislauf

Es ist aus der Spur geraten

Eingezäunt mit verrückten Fohlen sät
es Sturm und gibt nicht auf in der
voranschreitenden Zeit in der sein
Fell ergraut
Kein Knappe ist ihm treu gewesen kein
Wildhüter

Es ernährt sich von Gänseblümchen
Vergaß die Rose

WARTEN AUF DEN FRÜHLING

Du wärest zu meinem Gott erhoben
Hättest du mich
Meine Träume
Meine Würde
Nicht mit Füßen getreten

Ich schmiegte mich an dein Eroberer-Gen
Was ich nicht verstand: Es reichte dir nicht

Dich habe ich nicht verfolgt
Mein Herz hat nicht geschrien

Es wurde zur Schnecke ohne Haus
Eine lächelnde Masse Schmerz

Ich tat als wäre es mir egal
Die blutenden Blumen zu sehen
Aus denen Sträuße geflochten werden
Um dann
Auf den Frühling zu warten

DIE WORTE DIE ICH SUCHTE

Ich fand in deinem Namen keine Worte

Erinnerte ihn zwischen Haut und Herz
Aber ohne die Worte keimte nichts

Du sagtest es funktioniere nicht

Ich wartete auf die Nostalgie
Zwischen Neugier und Entrinnen

Doch alles verfärbte sich
In Lüge und Vergessen

Ich fand in deinem Namen keine Worte

Vergebens verschwendete ich Verzeihen
Um nicht gefesselt zu sein

Unter fehlenden Worten ist Leiden
eine fruchtlose Bestimmung

Es heißt, dass alles fließt
Doch nicht bei deinem Namen

I.

ICH BIN GLAS

Ich kann nicht mehr schweigen
Hinter all der Automatisierung
All den Tricks
All der täglichen Routine

Ich bin anders als die
Die sich rühmen
Pflichterfüllend zu sein
Als wäre dies lebensnotwendig

Ich bin in den Büchern die ich lese
In den Versen die ich schreibe
Im Wagemut meiner sich ereifernden Schüler
In der Zeit in der ich für meinen Sohn da bin

In bin wo Splitter verweigerter Freiheiten mit
ihren scharfen Rändern zu sichten sind

Ich bin das Glas
In bin dein Spiegel
Ich bin was dich reflektiert

Ich bin anders
Ich bin jenseits
Ich bin woanders

II.

Erwarte keine Fragen
Ich würde sie in die Ecke stellen
Mich nicht in deine Zweifel einmischen
Mir reichen meine

Unter den Insekten
Bevorzuge ich die Raupe
Mit ihrer Flügelspanne
Die sich niemand
In ihrem Kokon vorstellt

Ich bin der Schmetterling
Habe die Leichtigkeit der Gegenwart

Du musst nicht glauben
Ich beschränke deine Zukunft
Oder verachte deine Vergangenheit

Für mich als Schmetterling
Reicht ein Tag
Um zu lieben

III.

WIE EICHENZWEIGE

Deine Augen
Glühwürmchen in der Nacht

Meinen Blick richte ich nach unten
Um dich nicht
In einer Illusion zu verankern

Wild ist mein Geist
Der aufgewacht ist und sich
Hinter scheinheiligen Sicherheiten versteckt

Geschichte Kunst Poesie
Meine Seele blutet noch

Mit langsamen Schritten
In meinem Kokon
Warte ich auf das Spannen der Flügel

Ich reiche dem Leser meine Hand
Ohne etwas zu bestimmen
Ich bin kein Kristall zum sammeln

Deine Hände sind ein Versprechen

Wartende Zeichen am Fenster
Hinter nebligem Glas
Während eines Sturms

Meines Sturms
Der mich am Fuße einer Eiche niederlegt
Dessen Zweige wie deine Hände sind

Deine Hände sind ein Versprechen

Erzähl mir vom Amselnest
Von der Mönchsgrasmücke
Die deine Partnerin war
Von den fernen Liedern deines Landes
Den Wiegenliedern die ich nie gehört

Das Versprechen
Ängstigt mich ein wenig
Den Glauben zu bewahren
Wie bei der Abschlussprüfung
Als alles größer zu sein schien als ich

Deine Hände sind ein Versprechen

Deine Augen Glühwürmchen in der Nacht
Ich wiege erwartende Blicke
In aufdringlichen Träumen

IV.

Es ist nicht bekannt
Ob freiwillig oder zufällig
Berechnung oder Wunsch
Ausgangspunkt oder Ziel

Es ist nicht bekannt
Ob das Sichere für immer geht
Oder ob es als Emotion
Wiedergeboren wird

Es ist nicht bekannt
Wo ich Saturn im Horoskop habe
Ich sehe ihn weder im Innen
Noch im Außen

Und auch nicht bekannt ist
Wann ich sterbe
Bis dahin aber möchte ich in jeder Situation
Mit angenehmen Gefühlen glänzen

V.

SINNSUCHE

Ich suche nach dem Sinn in diesem Nichts
von Worten
In einer Dimension die nicht meine ist

Ich sammle Stille als wären es Perlen
Die auf einen faltigen Flicken gestickt sind

Ich warte auf Umarmungen
Die nicht einmal zu Weihnachten kommen

Und ich versuche
Zwischen den Fragen meiner Kinder zu
schwimmen

Auf der anderen Seite der Fläche befestige
ich meine Glasur
Doch sie kommt als Nebelkleid zu
mir zurück

Auch die Glühwürmchen kehren zurück
Als festliche Spangen um die Büsche
wiederzubeleben

VI.

AUF REISEN

Glaube ich an Zeichen
Vertraute dem Mönch der meinen Weg
kreuzte

Ich suchte den Glauben und fand ihn
Auf einer Landzunge,
Die zwei parallele Welten verbindet

Und alles war zuvor beschrieben

Gewohnheiten werden aufgegeben
Wenn der Kopf nicht frei ist
Ich sah Ideologien in Dogmen verfallen

Ich glaube an das Unvollkommene
An die brüderliche Umarmung derer
Die Essen und Schmerzen miteinander teilen

Möge ich lächelnd wie immer zurückkehren

VII.

ÜBER DEN WOLKEN

Über den Wolken
Weißer Schaum
Ich bin verwirrt
Weiße Weiten
Unter den Füßen
Der Seelen

Flauschige Schritte meiner Mutter
Die ich hinter dem Bullauge
Wie eine Siegesgöttin sehe

Sie hat das Leben besiegt
Und im Angesicht
Extremer Liebe
Forderte sie
Den Himmel
Und seine Gesetze heraus

VIII.

MUSTER EINER GEWOHNHEIT

Geküsst vom Augenblick
Betrachte ich
Als Komplize des Ziels
Das Muster der Gewohnheiten
Und meine Gedanken
Tragen mich davon

Es werden nicht nur Rädchen sein
Die Zeit zu markieren
Die Erinnerung ist
Der Meilenstein unserer Existenz
Sowohl vor als auch nach
Unserer eigenen Morandi-Brücke*.

* Die Morandi-Brücke war eine innerstädtische vierspurige Autobahnbrücke in Genua, Italien. Am 14. August 2018 stürzte der westliche der drei Pylone mit einem etwa 250 Meter langen Teilstück der Fahrbahn ein, wodurch 43 Menschen starben.

IX.

PANTA REI

Langsam drehen die Stunden sich in Büscheln
Überraschen die flüchtenden verrückten Finger
Die schlohweiß zum Ende die Haare färben

Die Zeit bleibt in ihrem Automatismus
Gibt keine Atempause
Gewährt keine zweite Chance

Sie bleibt in der Seele der Objekte verborgen
Vor und nach der Schöpfung
Dem Endziel des Beginns

Panta rei
Und nichts ist mehr so
Wie vorher

X.

ICH LERNE GEDULDIG ZU SEIN

Ich drehe mich wie eine Schlange im Korb
Vernachlässige meinen seidigen Speichel
absichtlich
Obwohl er mich retten könnte

Meine Angst ist Zutrauen zu finden
Und beim Sprechen von alten Qualen zu
schweigen
Die unserem Zusammensein vorangegangen
sind

Ich bade entfremdet in der Menge und auf
Rummelplätzen
Und finde Zeichen bei virtuellen Treffen
Das Knacken seiner Stimme stellte keine
lästigen Fragen

Ich werde lernen geduldig zu sein
Ich lächle weil die Einsamkeit nicht durch die
Schwebe schimmert
Weil das Warten nicht meine Laune bestimmt

Ich lächle als ich merke
Das Leben will an die Brust genommen werden
Was bei meiner schiefen Haltung schwierig wird

XI.

Ich kam mit flatternden Flügeln
Bewusste Beute
Für deine Selbstsucht
Ich wusste was mich erwartet
Kannte dich als alter Sammler
Aber – ich kam

Ich wollte meine jugendliche Frische
Dich für die Unwetter des Herbstes
Begleiten lassen

Ich brachte einen Schimmer Liebe
Ein Bollwerk für die schlimmen Tage
Spielte mit deinem feigen Schweigen
Nicht um dich zu verletzen
Nur um darüber zu lachen
Wie naiv ich war

Verblüfft werde ich der Mast sein
Für die Fahne meiner Empörung
Die leicht im Wind deiner Eitelkeiten schwingt

XII.

Es gibt Situationen mit denen ich allein fertig
werden muss
Schränke zu leeren ist eine davon

Ich muss Gegenstände Schmuckstücke Kleidung
gehen lassen
Damit ihre Erinnerungen nicht meine Zukunft
überwältigen

Doch hat sich aus der Anziehungskraft meiner
Kindheit etwas versteckt: Eine Puppe –
Apachen – Cowboys – die Formel-1-Modelle
Deren Konsistenz – Farbe – Emaille spüre ich immer noch

Es gibt Objekte die ihre Spuren hinterlassen
Als würden ihre Seelen auf neues Leben in der
Kammer verlorener Dinge warten.

XIII.

GABRIELLA

Du hast deinen Schmerz
Hinter langen Telefonaten versteckt
Um dich nicht zu zeigen

Doch du warst da
Hast aber Einzelheiten
Eines krankhaften Übels nicht benutzt
In Menschen Mitgefühl zu erzeugen
Hast einfach mit Liebe
Die dir nahestehen ausgewählt

Diskretion ist dein Talent

Du hast Schönheit
Mit katzenhaften Schritten gesät
Und wie Katzen es tun
Konntest du in der Dunkelheit sehen
Dein Lächeln leuchtete
In den trotzigsten Abgründen

Ich vermisse dich wie wärmendes Licht
Wie ein Feuer das wieder brennt
Wie einen Morgenkaffee.

XIV.

ROT AM ABEND

Einen schönen Abend hoffentlich
Das ist der beliebteste Spruch
Um mit dem Boden
Unsere Identitäten zu verwurzeln

Ich lasse meinen Blick
Über die Hecke schweifen
Nehme fliegende Dinge
In einer einsamen Wolke war

Irgendwo erkenne ich Zeichen
Geschenke für die Wenigen
Fühle mich vom Augenblick gesegnet
Und erreiche mein Ziel

Ich schreibe einen Dialog
Für Träumer
Das Licht – weiß ich
Zählt mehr als jedes Wort

XV.

DIE RICHTIGE ZELLE

Ich suche wie auf einer Fernbedienung
nach dem Kontakt für eine automatische
Tür

Ich schreibe statistische Zeichen wie
wahrscheinlich sie sich öffnen wird
weiß aber nicht ob sie richtig sind

Gleichzeitig werden schon einmal die
Batterien vorbereitet
Überwältigt der Fortschritt die Chemie?
Zählt Mechanik noch?

Oh Gott – wir werden alle früher oder
später durch ein Tor gehen
Lethargische Komplizen der Automatik
eines gefühllosen Lebens

Ich werde hinüberspringen
wenn die Fernsteuerung bei
der automatischen Öffnung
versagt
Mein Plan B

XVI.

ZEHN, HUNDERT, TAUSEND SCHRITTE ZURÜCK

Intuition fordert Gehorsam

Wenn du meine Liebkosung aufdringlich nennst
Und ein Schweigen für dich wie Gleichgültigkeit
klingt
Muss ich dir keinen Traum in die Hände legen

Mühsame Kilometer werden es sein die ich
fortgehe
Zehn, Hundert, Tausend Schritte zurück

In jeder Vitrine sind Puppen
Ich mag die in Mottenkugeln gelagerten
vollgekritzelten Kahlköpfigen
Überlebende der Missetaten verwöhnter
Mädchen

Zehn, Hundert, Tausend Schritte zurück
Es gibt Stimmen die aus einer anderen
Dimension rufen

Zehn, Hundert, Tausend Schritte zurück
Impliziter Kodex des Schutzes

In meinem Alter
Kann man keine Zeit mehr verschwenden

XVII.

Zwei weitere Stempel in meinem Pass
Ein langes, in die Wolken gewobenes Netz
verbindet Ost und West innerhalb eines
Verses

Ich habe meine Pantoffeln und die Zahnbürste
als Vorzeichen meiner x-ten Rückkehr
Ich traf Freunde von Freunden und lud sie ein in
meine Fußstapfen zu treten

Die Botschafterin hat große Horizonte zu
durchqueren
Menschlicher Kleinkram hält sie nicht auf

Sie glaubt an ein Babel in dem Kinder
gemeinsam aufwachsen
Und wo kein Gott die Macht hat zu zerstören
was der Mensch ohne Gewinnstreben verfolgt

Stoppen wir die sklavische Selbstsucht der
Wirtschaftsgesetze
Fordern wir Vorurteile abzuschaffen die Effekte
von unten verhindern

In der Türkei gibt es Männer die für Frauen in
einer überfüllten U-Bahn aufstehen
An jeder Straßenecke füttern Ladenbesitzer
Katzen

Es gibt Widersprüche zwischen verschiedenen
Welten
Doch den eisernen Willen sie miteinander zu
vereinbaren

XVIII.

IM TEMPEL

Das Echo des Apollo prallt
An dorischen und korinthischen Säulen ab
Um die Nutzung eines Raumes zu betonen

Das Chaos schafft es nicht den Ort zu entstellen,
Nicht den Tempel in dem die Seelen atmen
Und sich im Gesang offenbaren

Wir zitherfreien Musen
Werden dort sein um die Theorien
Der Schönheit zu zeichnen

XIX.

VERFECHTER DER LIEBLOSIGKEIT

Kreischende Worte – dein Lebensstil
Du gibst dich als Gutmensch
In sozialen Netzwerken
Verwirrung, Enttäuschung, Ernüchterung

Man fragt mich
Wie du noch in den Spiegel schauen
Wie du noch Unsinn verbreiten kannst
Und predigen was du nicht bist

Wer sich dem Tod nicht beugt
Sein Leben nicht schätzt
Versäumnisse nicht eingesteht
Sondern auf seine Opfer schiebt – der

Der ist ein Meister
Doch ein Meister von – Nichts
Und davon ausgesandt
Botschafter der Lieblosigkeit

XX.

ORPHEUS' UNGEDULD

Ich stand auf Julias Balkon
Dachte darüber nach
Wie viel Hass es war
Und wie viel Liebe

Zwillinge im Warten und Schmerz

Und die Ungeduld Orpheus'
Den sein Weg
Zur schönen Eurydike
In die Unterwelt führt

XXI.

KEIN ÜBERLEBENDER

Wie ein Zug gleitend
Überwältigte er sie
Füllt mit Wind ihr Haar

Rausch der Geschwindigkeit

Wie ein Zug der entgleist
Zerquetschte er sie
Sät Eisen auf grünem Grund

Keiner hat überlebt
Weder Amor
Noch Psyche

XXII.

DAS BLAU IN MIR

Der blaue Schleier der Jungfrau Maria
Als Mama mir
Die Krippenfiguren kaufte

Ich hörte New-Age-Musik
Während der Farbtherapie
Und fühlte es blau werden

Wasserblau um genau zu sein

Ich schwamm langsam im Fruchtwasser
meiner Seele …
Das blaue Wasser erinnerte mich an die
Klagelieder meiner Kindheit
Durchsichtig nahm es die Form des
heranwachsenden Ichs

Darin schwingen Kinderlieder
Schimmert das Aussehen
Meiner Adoleszenz

Ich erkannte das Blau der Wasserfälle
Meine Angst zu Fallen explodierte plötzlich
Und wurde zu einer flüssigen Wiege unten
im Tal

XXIII.

MOKKA

Ode an den Faltenrock
Den Hut
Den Schulterriemen

Britisch im Aussehen,
Italienisch in der Musik

Ode an das Aroma
Das dein Blubbern verbreitet

Ohne Wasser und Kaffee nur Gerät
Mit ihnen die Kupplerin der Liebe

Ode an dich
Gehilfin meines Herzens
Die meine Räume mit Wärme erfüllt

XXIV.

BRIEF

Du sagtest ihr … Schreib!

Sie schreibt …
Unter dem Diktat des gespenstischen
Geistes einer nicht gelebten Liebe ei-
nes ungeborenen Kindes eines sich
vorgestellten Menschen

Stellt sich hinter einem Lied verborgene Gefühle
vor während sie an die Liebe in gewandeten
Worten denkt

Sie suchte den Freund in deinen unsicheren
Versen fahndete nach der Leere anderer
unter dem Vorwand sie zu füllen

Sie liebte es in deinen Gedanken zu sein bis
deine Abwesenheit ihr eigenes Denken quälte

Sie glaubte wenn dein Gefühl rein gewesen
wäre hätte es dir Freude bereitet sie um dich
zu haben

Sowohl wenn du sie verklärtest litt sie als auch
wenn du sie gemieden hast

Sie fühlte sich als konspirative Komplizin in
einem Spiel der Blicke
Sie hat geweint sie hat gelacht
Lachte über sich selbst schämte sich für
pubertäres Sehnen und Frustration

Sie wollte wohl an falsche Nächstenliebe
glauben und dir die andere Wange bieten
Du hast dich nur im Traum getäuscht

Einem Schauspieler schreibt das Drehbuch
vor wie er zu sein hat
Sie versteht es sich wie eine Perle in ihrer
Schale auszubilden

Wenn die Zeit die Reinheit der Perle
erkennt
Wird sie sicherlich dein Bedauern sein

XXV.

ACH! … ES SCHNEIT

Es schneit
Auf ein schweigendes Herz
Es schneit
Auf Plätzen und in Gärten
Es schneit
Auf unerfüllte Wünsche
Es schneit
Auf Familien in Schützengräben

Dieser weiche Schnee
Der das Weiß verströmt
Der Geräusche abschwächt
Die Häuser bedeckt
Und das Grauen
Aber der Schnee weiß nicht
Leider nicht
Wie er den Schmerz dämpfen kann

XXVI.

Elegie oder Parodie?
Zustimmung oder Ablehnung?
Was ist Poesie?
Singen oder klagen?
Kunst oder Sprache?

Es ist
Eine Öffnung für einsame Seelen

Ein Windhauch
Der über den Herzen schwebt
Der intime Code verborgener Gedanken
Vielleicht eine Schaufel die Asche aufwirbelt
Nach Funken sucht für eine neue Glut

XXVII.

Sie züchtete Minze in Töpfen
Zum Würzen
Für Gerichte des Lebens

Narzissen und Haselnuss
Blühten entlang der Hecke
Verhießen Ruhe

Sie wartete
Beschnitt die Euphorbia
Als die Esche
Mit der Zeit verdorrte
Das Schicksal der Freesie
War für sie reserviert
Sonst nichts

XXVIII.

DER ZERBRECHLICHE KRISTALL

Ich wünsche mir
Einen Strauß Narzissen
Um meinen Tag gelb zu färben
Wenn du den Timer
Für dein Alter aktivierst
Wenn ich meinen Groll
Dämpfen könnte
Würden vielleicht Osterglocken erblühen
Und mit welcher Freude
Würde der zerbrechliche Kristall
Sie zitternd empfangen

XXIX.

Gesprächspartner deines Schweigens
Ich weiß dass du mich damit bestrafst

Das Wort
Ist meine scharfe Klinge
Es zerschneidet Ketten
Und schreitet über Grenzen

Das Schweigen wiegt dem viel mehr
Der schweigt

Ich werde zum Verb
Fliege leicht und lässig
Durch den Himmel
Fürchte mich vor keiner Strafe

XXX.

Stockende Gewissheiten
Taumelten vor reptilienhaften Augen

Schüchterne Erkenntnisse
Blühten unter dem Felsen

Im Schatten der Eiche
Regenerierte der Wanderer

Seinen Geruchssinn
Erfreute sich an Myrtenbeeren

Glaube und Nächstenliebe
Keimten in seinem Pilgerherzen

XXXI.

Die Kohlmeise

Entkam dem Sturm

Verlor vor Schreck
Ihr Lied

Mit wirbelnden Flügeln
Erhob sie sich

Erblickte ihren Schwarm

Der schweigend wartete

Während sie
Spalten in den Himmel flog

XXXII.

Ode an euch
Gläserne Becken
Zwillinge

Ode an ihn
Der euren Bereichen
Halt verleiht

Zusammen schärft ihr die Blicke

Ode an dich
Die Linsen im Gestell
Die das Alter erfreuen
Und mir Licht und Schatten
Sichtbar machen

Wie viele Schleier hast du gehoben

Es waren genügend
Dich auf der Nase zu haben

XXXIII.

Du versteinerst wenn du Angst hast
Wirst zu Marmor
Um dich nicht aus dem Gleichgewicht zu
bringen

Du verhärtest, um deine Pläne nicht zu verraten
Hüllst dich in Nebel wenn du dich schämst
Wirst gläsern, wenn er dich ansieht

Wie Mörtel wenn er dir schmeichelt
Wenn er dich betrügt wirst du zu Asche
Zu Galle wenn er dich vergisst

XXXIV.

Grenzenloses Warten in deiner Agonie
Angst und Schrecken mit jedem langsamen
  Piepton
Flehen in deinen Augen
Kabel und Schläuche zu entfernen

Ich habe falsch gelächelt
blutete innerlich
Wir fürchteten den Gestank der Blumen
Und ich versprach dir Frieden im Freien

Jetzt erfüllen Kiefernwedel
Deinen letzten Wunsch
Halten dich im Arm
Und ich finde dein Lächeln im Wind

XXXV.

Not macht erfinderisch
Ich beuge mich
Der Kraft des Zerbrechlichen
Dünn unter dem Gewicht des Kreuzes
Wahllos zerbrochen
Dem blinden Schicksal

Das eines Tages
Mich küssen könnte

Sie werden sicherlich auf dich warten
Gräben und Mulden
Verwirrende Kreisverkehre
Wendeltreppen
Und steile Abfahrten ...

Doch nicht du bist das Hindernis
Auf dem Weg zum Ziel
Es liegt im Konjunktiv des Gleichgültigen
In den Litaneien von *Vielleicht* und *Wenn*

Doch eine melodiöse Stimme
Hat auch die flügellahme Nachtigall ...

XXXVI.

Ich bin das Nichts, das dich berührt
Ich bin das Ganze in der Summe
Ich bin das Gewicht eines Mangels
In Wiederkehr und Neuanfang

Meine ferne Silhouette
Begehrt wie eine Höhle
Ist in der Langeweile
Des Lebens ohne Freude verblasst

XXXVII.

Stalaktiten von alten Schmerzen
Treffen meine Stalagmiten
In feuchter Umarmung
Sonnenlos

XXXVIII.

Ich klopfe den Baumstamm kräftig wie ein
Specht
Tappe in eine Falle wie ein Adler
Werde in grauem Atem zurückgewiesen

XXXIX.

Ich werde den Zitronenhain für seine
Rückkehr düngen
Werde auf ein leises Zeichen hoffen
Im duftenden Nest der wartenden
Seelen

XL.

DIE NICHTGESPROCHENEN WORTE

Sie sind voller Liebe
Sie stehen am Abgrund des Vertrauens
Ich halte sie zurück
Damit sie nicht beachtet werden

Doch voller Liebe sind sie
Die ich dir
Im geheimen Thalamus unserer Korrespondenz
zuflüstern möchte

Wie ein Insekt gefangen im Bernstein
Meine Stimme ...
Wenn ich einen Schimmer von Zärtlichkeit
In deinen zerstreuten Worten entdecke
Und ich wünschte du würdest
Das Lächeln sehen das mein Gesicht erhellt
Bevor ich absichtlich so tue
Als würde ich an etwas anderes denken

XLI.

Meine Sicht ist umschleiert
Von der Wärme deiner Küsse
Ich behalte ihren Glorienschein
Weil ich aus Glas bin

Inhalt